AF465551

ORGANISATION

DU

TRAVAIL,

PAR LE CITOYEN J. BERTAGNE,

AMIDONNIER,

ANCIEN FABRICANT DE SALPÊTRE.

CARCASSONNE,
Imprimerie de L. Pomiés, rue de la Mairie, 50.

1848.

SE VEND

A CARCASSONNE, chez MM. Lajoux, Gadrat et Arnaud, libr.

A NARBONNE, chez M. Dedieu, libraire.

A CASTELNAUDARY, chez M. Abadie, libraire.

A LIMOUX, chez Mad. veuve Loup, libraire.

ORGANISATION

DU TRAVAIL.

Objections sur l'égalité du salaire.

La commission, à l'effet d'améliorer la condition des travailleurs, s'est réunie le vingt-deux mars dernier. Dans cette séance, le président a manifesté son opinion en posant en principe l'égalité de salaire pour chaque ouvrier d'une même corporation relative à la même industrie, sans tenir compte des aptitudes diverses. Les différences d'aptitudes ne peuvent être, selon lui, une base sur laquelle on dût établir les différences dans les rétributions, la supériorité d'intelligence ne constituant pas plus un droit que la supériorité musculaire.

Dans une question aussi grave et aussi difficile à résoudre, le citoyen Louis Blanc s'est laissé entraîner par l'intention bienfaisante de secourir la classe ouvrière ; mais il n'a eu aucune considération pour les chefs d'établissements qu'il pouvait blesser dans leurs intérêts les plus légitimes.

L'égalité de salaire serait un acte d'injustice révoltante, attendu que dans chaque corporation d'ouvriers on doit reconnaître que les uns sont plus intelligents, plus laborieux, plus capables que les autres, et qu'alors ils ne doivent pas recevoir la même rétribution.

L'égalité de salaire est un système des plus erronés. En effet, que pour un instant on suppose les hommes réunis pour une cause quelconque d'utilité publique, ils reconnaîtront bientôt entre eux des supérieurs; ils les investiront d'un pouvoir qui les gouverne et les dirige vers le bonheur qu'ils désirent, et qu'ils ne peuvent se procurer eux-mêmes : voilà pourquoi les peuples nomment des gouvernants. Quant à la supériorité des travailleurs, elle se fonde sur l'aptitude que quelques-uns d'entre eux possèdent d'être plus laborieux et plus capables de produire, dans un même intervalle de temps, des objets d'art mieux perfectionnés; ces hommes, en récompense de leurs travaux, reçoivent un plus grand salaire, et, dans l'industrie qu'ils exercent, prennent le nom de *contre-maîtres* ou *premiers ouvriers*. Vient ensuite une autre série d'ouvriers, moins laborieuse, qui n'a pas la même aptitude, mais qui est néanmoins recommandable par l'intention qu'elle a de bien faire; il y a une troisième série d'ouvriers, encore moins laborieuse, que le moindre travail fatigue, et qui, par disposition corporelle ou morale, est plus portée à la paresse. D'après tout cela, qu'on se demande s'il serait juste de donner à tous une égale rétribution.

Si l'on admettait un pareil principe, il faudrait que l'homme renonçât à tous les priviléges de l'intelligence dont la nature l'a doué et qu'il a perfectionnée par des travaux pénibles, en cultivant avec goût les arts et les sciences, et alors, pour rester fidèle à ce principe, il faudrait que les agents du gouvernement civils ou militaires, eussent tous une égale rétribution quelle que fût leur capacité ou quels que fussent les services qu'ils rendent à la patrie.

Indépendamment de cette réfutation péremptoire, nous devons ajouter que, si les travailleurs étaient payés à un taux égal, obligatoire pour tous les ateliers et pour toutes les usines et manufactures diverses, nous ne pourrions pas douter que parmi les travailleurs, même les plus laborieux, quelques-uns ne se laissassent entraîner par un sentiment de découragement ; or, du découragement à la paresse il n'y a qu'un pas : dès-lors plus d'émulation, et pourquoi cela ? parce que la récompense est un stimulant naturel du travail, et que dans le cas qui nous occupe, les uns contents de leur salaire, s'endormiraient pour ainsi dire sur l'avenir, qui ne saurait devenir meilleur pour eux; les autres, mécontents du prix de leurs travaux, ne feraient aucun effort pour en hâter la perfection : ni les uns ni les autres n'auraient intérêt à ce que ceux qui les occuperaient fissent un plus ou moins grand profit.

Objection sur l'augmentation du salaire et sur la diminution des heures de la journée du travail.

Avant d'accorder aux travailleurs une augmentation de salaire, il aurait fallu se rendre dans les ateliers, prendre des indications précises sur l'ensemble des opérations industrielles, se renseigner auprès des parties intéressées dans la cause, afin de satisfaire tous les intérêts. En procédant ainsi, on aurait reconnu qu'une augmentation de salaire n'était possible qu'en augmentant la valeur des produits obtenus ; sans ces précautions, les intérêts des fabricants seraient compromis. Et en effet, supposons un instant une usine dans laquelle on occupe un grand nombre de bras, et que le prix de revient pour les marchandises qu'on y perfectionne ait été calculé d'après le prix de la main-d'œuvre payé avant l'augmentation ; si cette usine occupait, par exemple, tous les jours trois cents travailleurs, dont chacun recevrait de plus par journée une modique somme de vingt-cinq centimes, il résulterait que cette augmentation de somme qui donnerait par semaine quatre-cent cinquante francs, qui multipliée par cinquante-deux, donnerait une augmentation de prix de main-d'œuvre de vingt-trois mille quatre cents francs : cette somme, ajoutée aux dépenses de fabrication, doit être compensée par des recettes. Or, il est reconnu aujourd'hui qu'il n'existe pas d'atelier en France qui puissent espérer de faire annuellement un pareil bénéfice, tandis que le plus grand nombre en donnent beaucoup moins ; en conséquence, si l'on décrétait l'augmentation de salaire pour les travailleurs sans consulter les chefs d'établissements, ceux-ci seraient obligés de fermer leurs usines ou de se ruiner s'ils voulaient continuer leurs travaux.

Si, indépendamment de cette augmentation de salaire on réduisait la journée des travailleurs à 10 heures au lieu de 12, il résulterait que le sixième à ajouter au prix de main-d'œuvre serait d'autant plus considérable que les ouvriers sont plus fortement rétribués, et qu'en supposant un nombre égal à trois cents, par exemple, payés à deux francs l'un dans l'autre, le salaire total, par semaine, s'élèverait à trois mille six cents francs, dont le sixième s'élèverait, dans un an, à trente-un mille deux cents francs ; actuellement, si on réunit cette dernière somme à celle qui résulte de l'augmentation de salaire, on aura un chiffre total de cinquante-quatre mille six cents francs employés de plus pour la main ouvrière ; en conséquence, on peut avouer que le système de Louis Blanc n'a pas été réfléchi, et que s'il l'avait été, on serait blamable d'avoir voulu égarer la classe ouvrière en l'excitant ainsi à la révolte, en la persuadant que son système était réalisable, et qu'il n'y manquait pour cela que la bonne volonté des gouvernants. Quoi qu'il en soit, il est certain que l'établissement le plus prospère, le mieux assis par sa clientelle et ses meilleurs produits fabriqués, ne pourrait pas se soutenir en présence de l'augmentation de salaire et d'une diminution d'heures de travail.

Manière de préciser la valeur du salaire pour la journée du travailleur.

Les ouvriers de même corporation n'ont pas tous également ni la même aptitude, ni la même adresse; nécessairement il doit en résulter une différence dans le prix de leur journée, ainsi que nous allons le démontrer par l'exemple suivant, pris sur la corporation des tailleurs de pierre.

On sait que l'art de couper la pierre est arrivé à tel point de perfection qu'on y façonne des moulures et des chapitaux de tous les ordres d'architecture; les ouvriers même peu habiles sont arrivés à ce résultat, mais leurs moyens d'exécution sont quelquefois trop lents. Cela posé, voici le fait : on prendra trois blocs de pierre de même grain, d'égale dimension, on en donnera un bloc à chaque travailleur, chacun procédera à son équarrissement, ensuite chacun en particulier y travaillera une corniche avec sa frise et son architrave; enfin, quand le travail aura été terminé selon le modèle donné par le patron, l'ouvrier peu habile aura employé trois jours et trois quarts; si le prix de la journée est de deux francs, le salaire de cet ouvrier sera de sept francs cinquante; le deuxième ouvrier, pour terminer le même ouvrage, a employé trois jours, il doit gagner par conséquent deux francs cinquante centimes, et enfin le troisième ouvrier, bien plus habile et plus laborieux que les autres, n'aura employé que deux jours, le prix de sa journée devra conséquemment s'élever à trois francs septante-cinq centimes. La somme de deux francs, prise pour le prix d'une journée d'ouvrier, est le prix le plus inférieur qu'on donne à un tailleur de pierre, voilà pourquoi nous l'avons pris pour type de comparaison.

Si, pour le bénéfice du patron nous voulons établir un compte, on n'a qu'à supposer que chaque bloc de pierre dans son état brut a coûté quatre francs, et que travaillé comme nous l'avons dit, il ait pu en retirer douze francs du propriétaire, nous trouverons que chaque ouvrier tailleur de pierre lui aura donné un bénéfice de cinquante centimes. On ne doit pas se récrier sur cette bonification, elle est mise justement en usage dans tous les ateliers de différentes industries ; elle sert à indemniser le patron des avances faites d'outillages, de leur entretien, des frais de location et de patente, et pour la surveillance plus ou moins active qu'il déploie pour l'exécution des travaux.

De tout cela on doit conclure que le salaire accordé pour la journée du travailleur est toujours relatif à la valeur de l'ouvrage qu'il peut faire, et qu'en le payant comme il a été dit, on ne favorise pas les uns au préjudice des autres. Ce que nous venons de dire pour la corporation d'ouvriers tailleurs de pierre, se présente pour toutes les autres corporations, dans chacune d'elles on trouve les mêmes différences que nous avons signalées.

Association du travail avec le capital.

L'association du travail avec le capital a pour objet de garantir réciproquement les intérêts des patrons et des travailleurs ; ceux-ci dans la même proportion que leurs mains seront plus capables de produire, et ceux-là par la meilleure manière de diriger l'exécution des travaux.

Mais pour que cette association soit durable elle exige de part et d'autre une parfaite probité; le travailleur doit être laborieux et docile, le patron doit se rendre digne de cette confiance, il devra tenir un compte rigoureux des dépenses de fabrication ainsi que des recettes, il ne devra procéder à aucun achat ni à aucune vente sans l'assentiment du travailleur. Dans des registres tenus par un commis, il pourra reconnaître la position afférente des sociétaires, afin d'aviser au mieux dans le cas où cette situation ne serait pas assez favorable.

Tous les ans il devrait y avoir un règlement général de comptes; quant aux bénéfices ils devraient être partagés selon la part que chacun a mise dans l'entreprise pour les obtenir; de là naîtront nécessairement les trois séries d'ouvriers que nous avons désignées à l'article précédent; mais il faudrait de plus que le patron qui dirige les travaux eût non-seulement la portion comprise dans la 1.re série d'ouvriers, mais encore une rétribution du douzième prélevée sur l'ensemble des bénéfices annuels; indépendamment de tout cela le patron devrait retirer l'intérêt à 5 p % des fonds avancés dans l'entreprise, et de la valeur du matériel et outillages reconnus nécessaires à l'industrie qu'il professe, qu'il porte en dépense le montant de la location du local qui sert à cette industrie et celui de la patente comme tout autre frais. Quant à l'entretien des outils ils devraient être compris dans les frais de dépense, et ceux qui dépériraient ou qui seraient mis hors d'usage devraient être remplacés aux frais communs des sociétaires. D'un autre côté il faudrait que le travailleur, qui n'est pas ordinairement riche, reçût par semaine et à titre d'avance sur les bénéfices à recevoir, une somme suffisante à sa subsistance et à celle de sa famille; cette dernière condition est de toute rigueur, afin de ne pas obliger le travailleur à emprunter par anticipation sur les bénéfices à retirer de l'entreprise lors du règlement définitif des comptes ayant lieu à la même époque toutes les années.

Pour faciliter la mise en exécution de ce mode, nous allons indiquer la manière dont cette association pourrait avoir lieu. Nous prendrons pour exemple les corporations d'ouvriers de serrurerie, et par rapprochement on pourra l'appliquer à toute autre industrie.

Des ouvriers serruriers au nombre de douze, y compris le patron, s'engagent d'entrer en association pour dix ans, association qui pourra être renouvelée, s'il y a lieu, à cette dernière époque : d'une part les ouvriers consentent à donner à leur maître un douzième sur les bénéfices totaux obtenus annuellement dans l'entreprise et, en outre, de lui accorder sa portion dans la première série d'ouvriers reconnus plus capables, cette première série aura les 5 douzièmes des bénéfices, la 2.me série les quatre douzièmes, la 3.me série les trois douzièmes, la différence d'aptitude, d'habileté, de force et d'adresse sera établie par le chef d'atelier, elle devra être basée sur la plus grande quantité d'ouvrage produit et mieux perfectionné; pour la première et de celle qui se rapprochera de la première, l'ouvrier lui-même pourra être son juge, et on sait, qu'amour-propre à part, les uns savent apprécier les autres, et si enfin il s'élevait des discussions sur ce dernier point elles seraient vidées par des arbitres appelés de part et d'autre.

État de dépense pour un atelier de serrurerie, savoir :

Mise de fonds en fer brut ou argent.	30,000 f. à 5 p.o/o	1500 f.
Local, patente, frais d'entretien d'outils, combustible en charbon.		1200

Report.	32,700 fr. 00. c.
Outils, compas d'épaisseur, fausse-équerre, limes, marteaux, tenailles de forge, griffes, arçons, compas droit, vilebrequin, bascules ou machines à force, tour portatif, mandrin servant à façonner les clefs etc. 1,000 à 5 p. %.	50
Total du capital et de l'intérêt de mise de fonds pour l'année.	32,750 fr. 00

Actuellement supposons que dans le courant de l'année on ait fait en travaux une recette totale de quarante-cinq mille sept cent cinquante francs et qu'on ait obtenu ainsi, défalcation faite de toute dépense, une somme de treize mille francs, le douzième échéant au patron, et qui sera pris sur cette dernière somme, serait d'environ mille quatre-vingt-trois francs, mais pour éviter les nombres fractionnaires, ce douzième, attribué au patron sera de mille francs, les douze mille francs restant seront partagés de la manière suivante : la première série des travailleurs se composant de quatre, y compris le patron, aura les cinq douzièmes donnant à chacun douze cent cinquante francs; la seconde série composée de quatre travailleurs aura les quatre douzièmes donnant à chacun mille francs; enfin la troisième série des travailleurs, la moins capable, les trois douzièmes, donnant à chacun sept cent cinquante francs. Ce bénéfice n'est pas exagéré et peut facilement être obtenu dans un atelier qui occupe douze travailleurs, y compris le chef qui, de temps à autre, peut mettre la main à l'œuvre; au surplus il est évident que de bons ouvriers de différentes corporations gagnent de quatre à cinq francs par jour, et qu'il faut bien que celui qui les occupe ait sur eux quelques légers bénéfices, comme aussi certains autres, moins laborieux ou moins habiles, reçoivent de rétribution moindre pour le prix de leur journée.

Ce genre d'association peut convenir à toutes les industries dont la main ouvrière seule perfectionne les objets d'art, tels que menuisiers, maçons, platriers, tailleurs de pierre, ferblantiers, charpentiers, etc. Ces associations présenteraient l'avantage de réprimer beaucoup d'abus, notamment ceux que commettent les patrons en offrant à des travailleurs un salaire inférieur à celui qu'ils sont capables de gagner, et que ceux-ci acceptent pour ne pas rester sans rien faire. Quoi qu'il en soit et malgré l'avantage réciproque des parties intéressées dans l'association, il est à craindre que les chefs d'ateliers élèvent quelques difficultés sur sa mise en pratique, et voici à peu près ce qu'ils peuvent alléguer.

Les motifs les plus puissants que peuvent faire valoir les chefs contre cette association, consistent en ce qu'ils se disent : Nous fournirons les capitaux, les outils, le local, nous serons chargés de diriger les travaux sur une vaste échelle; toutes les éventualités ou mauvaises chances de l'entreprise devront être supportées par nous, tandis que le travailleur serait en dehors de tout danger de perte, n'ayant que les bras à fournir. Étant privé de toute autre ressource, il prendra, toutes les semaines et même tous les jours s'il le faut, une somme d'argent pour subvenir aux frais de sa propre subsistance et de celle de sa famille et il retirera ainsi une partie des bénéfices sur l'entreprise; mais si malheureusement cette entreprise n'est pas heureuse, qu'il y ait perte occasionnée soit par le manque de travail ou, peut-être, pour soutenir la concurrence avec l'établissement qui travaille sur le même pied, la perte éprouvée ne rejaillira que sur nous, les travailleurs ne pourront pas rembourser seulement une obole, attendu que l'argent donné pour avances aura été dépensé. Ainsi pour nous associer aux travailleurs il nous faut une autre garantie que celle de leurs bras, que le gouvernement nous la donne, ou sinon il nous est impossible de nous associer.

Association du chef d'atelier aux travailleurs pour l'ouvrage à la tâche.

De toutes les associations d'ouvriers avec le patron, celle du travail à la tâche doit mériter la préférence. On ne peut pas être arrêté par une idée craintive de perte comme il vient d'être dit à l'article précédent ; car si le maître est obligé d'exposer ses fonds dans l'entreprise, ces fonds doivent toujours rentrer avec bénéfice sans être sujets à aucune mauvaise chance, attendu que d'une part le travailleur saura ce qu'il doit gagner et son maître, qui aura son calcul fait d'avance, ne pourra jamais perdre.

Le travail à la tâche doit rétribuer l'homme de peine, l'artisan et l'artiste dans la proportion du travail fait, ou d'après son mérite. Ce genre de travail est apprécié, par des hommes capables, d'après les peines et les soins que ces différents travaux industriels ou même agricoles ont pu exiger ; mais le travail à la tâche a une chose avantageuse pour le propriétaire ou le maître, que le travail à la journée ni d'association ne peut acquérir. Ainsi un homme payé à la journée travaille peu, ou il gâte la besogne, le maître a le droit de se fâcher, mais il est obligé de le payer. Il en est de même pour le travail d'association. Parmi les associés vous aurez un maladroit qui aura exécuté les travaux qu'on lui a confiés, il faudra les refaire, le patron lui fera quelques reproches, mais lorsqu'il faudra partager les bénéfices il ne lui retiendra rien, tandis que pour ce qui concerne le travail à la tâche, il en est tout autrement, il est soumis à des conditions stipulées d'avance, et il n'est reçu que lorsqu'il est confectionné d'après les règles de l'art. Toutes ces conditions sont rigoureusement exigées. Malgré tout cela le travailleur a intérêt de substituer le travail à la journée à celui à la tâche.

Pour le travail à la tâche, il ne devrait pas suffire pour le patron de donner un prix quelconque pour la façon de l'ouvrage fait par le travailleur, attendu que ce prix pourrait arbitrairement être établi en faveur du patron, et il faut égalité de justice pour tout le monde; à cet égard nous voudrions que la différence du prix de revient à celui de vente, ce qui constitue le bénéfice réel, fût réparti entre le patron et l'ouvrier de la manière qu'il va être indiqué.

Supposons un maître tailleur faisant payer, pour façon d'habit, vingt francs, et supposons encore que l'ouvrier ait employé quatre jours pour le confectionner, le prix de la journée au taux habituel étant de trois francs, l'ouvrier doit recevoir douze francs. Actuellement cherchons à établir les dépenses du maître. Comprenons dans ces dépenses les frais de location, de patente, d'intérêt de la mise de fonds, le temps employé pour prendre mesure de l'habit et pour le couper, ajoutons-y le fil, le combustible employé pour chauffer le fer à passer l'habit, et nous croyons qu'en évaluant à deux francs les soins et les fournitures, il n'y aura pas à redire; enfin de cette manière il résulte que, défalcation faite de toute main-d'œuvre et de tout autre frais, il existe un bénéfice de six francs, lequel doit se partager entre l'ouvrier et le patron : celui-ci en ajoutant la moitié, qui est trois francs, au deux francs pour main-d'œuvre et fournitures faites, aura cinq francs, et l'ouvrier, en ajoutant l'autre moitié aux douze francs qu'il a retirés, en aura quinze. Ce mode d'organisation devrait être mis en pratique depuis longtemps dans presque toutes les industries où il est susceptible de trouver place; mais puisqu'il faut le dire, nous sommes certains, qu'à quelques exceptions près, les maîtres n'ont eu d'autre souci que de spéculer sur la main ouvrière en diminuant, même sans motif, le prix de la journée du travailleur, en cela ils sont plus intéressés que raisonnables, surtout si l'on examine que lors-même que la main-d'œuvre serait à forfait, les bénéfices que nous donnons ici pour le maître doivent augmenter d'une manière considérable par l'occupation d'un plus grand nombre de bras.

Mais pour le travail à la tâche on pourrait encore établir un autre compte, en calculant, par avance, ce qu'il peut entrer dans l'objet à perfectionner, soit en fournitures ou journées d'ouvriers, et donner à ceux-ci un prix qui pût augmenter le salaire tout en laissant un bénéfice raisonnable au chef de l'entreprise.

Ainsi, par exemple, la ménuiserie à exécution facile, telle que croisées, portes, lambrissages d'appartement peuvent se donner à forfait; d'autres objets exigent une plus grande habileté pratique, tels que devantures de boutique, de magasins, bureau à cylindre surmonté d'une bibliothèque, porte d'église, baldequin d'autel, etc.; il suffira de connaître les fournitures qui peuvent entrer dans ces divers objets et le nombre de journées qu'il faut pour les parfaire, afin d'être fixé sur le prix que l'ouvrier doit recevoir. Ainsi pour exécuter une croisée en bois de noyer, le patron sait qu'il faut employer pour environ sept francs de bois, qu'un bon ouvrier menuisier peut la faire dans trois jours, cet ouvrier gagnant deux francs cinquante centimes par jour, aura employé en main-d'œuvre sept francs cinquante centimes, qui ajoutés à sept francs pour le bois donnent une somme totale de 14 fr. 50 c. Cela étant au su du patron, et sachant aussi qu'il en retire trois francs du pied, il peut faire un léger effort en donnant à l'ouvrier un franc cinquante centimes par pied, ce qui donnera dans trois jours neuf francs, qui, ajoutés aux sept francs précités, donnent seize francs, le patron aura pour lui deux francs. Cette dernière somme, quoique minime, sera suffisante pour compenser les frais d'outillage, mise de fonds de l'établissement, etc., surtout si l'on considère qu'un maître menuisier, occupant par jour une douzaine de travailleurs, peut retirer chaque trois jours vingt-quatre fr., et quand supposant que le quart de cette dernière somme fût destiné à payer les intérêts de tout fonds avancé, il lui resterait encore dix-huit francs, et ce bénéfice n'est pas à dédaigner pour celui qui a une honnête ambition.

Prenons un second exemple, et soit un ouvrier serrurier qui fait une serrure à trois pènes fourchus et à deux tours marchant par engrenage, que cet artiste serrurier emploie six jours pour la monter et la rendre parfaite de telle manière qu'elle vaille quarante francs; en supposant qu'il y entre pour trois francs de fer et que l'ouvrier ait gagné par jour cinq francs, ce qui fera en tout trente-trois francs, le patron peut ajouter pour façon trois francs de plus, ce qui donnera un total de trente-six francs pour fournitures et main ouvrière, et il aura pour lui quatre francs de bénéfice; s'il occupe douze ouvriers il aura par semaine quarante-huit francs; ajoutez à cela le bénéfice que le chef d'atelier peut faire sur l'ouvrage qu'il exécute lui-même, et vous trouverez qu'il peut rester satisfait de ses profits.

Tous les ouvrages de serrurerie ne sont pas également appréciables, les uns parce qu'ils sont minutieux et que pour leur perfectionnement le patron doit se réserver nu ouvrier à la journée qu'il paiera convenablement, lequel s'adonnera d'une manière spéciale à ce genre de petits travaux, attachés au service de la clientelle d'un atelier de serrurerie; les autres parce qu'ils demandent une grande aptitude et que peu d'ouvriers, même les meilleurs, ne sont pas capables d'exécuter. Ainsi lorsqu'en dix-huit cent Ange-le Dauphiné fit une serrure qui, creusée dans le massif, représente une croix d'honneur, les rayons sont à jour, les dix boules sont garnies de pierreries, elle porte dans son intérieur un timbre qui sonne lorsqu'on veut l'ouvrir, sur le derrière du palastre se trouve le portrait de Napoléon servant de cache-entrée, etc. Nous ne devons pas hésiter à croire que cette serrure, dédiée aux artistes serruriers, ne soit le résultat d'une imagination dont le génie donne l'adresse de l'exécution. La valeur de cette serrure ne peut pas être calculée d'après le temps ni les fournitures employées, puisque cet artiste est le seul capable de la faire, elle est inappréciable, et alors le prix se donne non pas en raison de son importance ni de sa plus grande utilité, mais à raison du talent de l'artiste.

L'industrie du bâtiment est celle qui offre de l'occupation au plus grand nombre d'ouvriers : ainsi lorsque le traceur de pierre, le maçon, le charpentier, le tailleur de pierre, le platrier, travaillent à l'édifice; le serrurier, le menuisier, le marbrier, le peintre, le vitrier y sont appelés, et lorsque ceux-ci l'ont entièrement achevé, on doit encore avoir recours au peintre en décoration, au tapissier, au marchand de meubles ou ébénistes, etc. Cette industrie du bâtiment est donc de la plus haute importance par l'enchaînement de son travail.

Les constructeurs du bâtiment exécutent ces travaux à forfait, d'après un plan et un devis donnés par l'architecte, moyennant le prix fixé par mètre de mur de fondation, de façade, de mur de refend et de clôture, les crépissages enduits en mortier pour l'extérieur, crépissages en mortier trainés à la règle et enduits en plâtre dans l'intérieur. On exécute à tant la marche l'escalier, et à tant le mètre la toiture, les planchers, plafonds, carrelages, cloisons, blanchissages; à tant le pied cube les ouvertures de portes et fenêtres en pierre de taille; on donne un prix pour chaque cheminée dont les chambranles sont en marbre ou en bois, et d'après la distance que la fumée doit parcourir pour arriver à la toiture; on donne également un autre prix de façon pour l'ornement de chacunes d'elles, pour la pièce qu'elles occupent, comme chambre, salon à manger ou de compagnie; enfin, après que l'entrepreneur a accepté le marché dans tout son contenu, il prend aussi l'engagement d'employer des matériaux de bonne qualité et de parfaire l'ouvrage selon les règles de l'art; le propriétaire s'engage de donner à la fin de chaque mois une somme équivalente à la moitié de l'ouvrage fait, et de le solder immédiatement après qu'il est terminé et reçu par l'architecte chargé de la direction du bâtiment. Souvent les parties demeurent d'accord que l'ouvrage doit être achevé à une époque déterminée, et que passé ce délai les ouvrages qui resteront à faire subiront une diminution de quarante pour cent.

Pour toutes les industries que nous venons de citer, rien de plus facile que d'établir la valeur du prix de revient, et quoique les matériaux à employer soient plus coûteux dans certaines localités que dans d'autres, on peut arriver au même résultat, en augmentant ou en diminuant les prix habituels selon ceux qui sont en usage dans ces localités.

S'il s'agissait d'établir le prix de revient pour construire un mur de douze mètres carrés, de l'épaisseur de cinquante centimètres, il faudrait une toise cube de pierre brûte, ou moellon; elle coûte, rendue au chantier, dix-neuf francs, quatre quintaux de chaux, à un franc l'un, trois journées d'ouvrier maçon, et trois manœuvres, ensemble onze francs; et deux tombereaux de sable, deux francs; en réunissant ces différentes sommes, nous avons un chiffre total de trente-six francs: le prix de revient pour chaque mètre est de trois francs, les fournitures y entrent pour environ deux francs huit centimes, et la main-d'œuvre pour quatre-vingt-douze centimes. Si donc un entrepreneur voulait construire un mur à trois francs le mètre, il n'aurait pas pour lui le moindre bénéfice, et cependant il n'est pas juste de diriger l'exécution de travaux pour rien; mais ce bénéfice sera obtenu en élevant le prix de vingt-cinq centimes par mètre; de cette manière, on paiera, de la toise carrée du mur, treize francs, au lieu de douze francs, fixés pour le prix de revient; mais comme cet avantage est énorme pour un entrepreneur qui occuperait une centaine d'ouvriers capables de faire par jour quatre cents mètres de mur, nous engageons les chefs d'ateliers, qui se trouvent en pareil cas, d'ajouter quelques centimes au prix de main d'œuvre, car il est évident que lors-même qu'il serait porté à un franc au lieu de 92 c. par mètre, il resterait encore pour l'entrepreneur dix-sept centimes, qui, multipliés par quatre cent, donneraient un bénéfice de soixante-huit francs par jour.

Pour la pierre de taille, le compte de revient peut également s'établir aussi facilement que pour le mur. Prenons une ouverture de fenêtre ayant dans œuvre deux mètres de hauteur sur un de largeur, ce qui représente un total de vingt-deux pieds, si les tableaux, les feuillures et l'épaisseur de la pierre, dans sa partie extérieure, n'excèdent trente-trois centimètres. Nous renfermant dans cette dimension et donnant pour largeur de la pierre ce qui peut manquer dans sa longueur, nous demandons au traceur douze pieds droits, un appui et la couverture, ce qui, rendu au chantier, vaut vingt-deux francs : un bon ouvrier taille cette pierre dans six jours, à deux francs cinquante centimes l'un, ensemble quinze francs; pour poser ou mettre en place cette pierre, fourniture de mortier, manœuvre, etc., elle coûte environ sept francs; en réunissant ces différentes sommes, cette fenêtre aura coûté en fournitures ou main-d'œuvre quarante-quatre francs ou deux francs par pied. L'entrepreneur sur ce pied n'a pas retiré le moindre bénéfice, mais il le retire lorsqu'il fait payer, à celui qui fait construire, deux francs vingt-cinq centimes, ce qui lui donne pour une fenêtre semblable à celle-ci cinq francs cinquante centimes de bénéfice.

Ainsi, comme on le voit, il n'y aurait pas d'inconvénient à appliquer le travail à la tâche à presque toutes les industries, même à la fabrication des draps, quoique ce travail doive passer par les mains de plusieurs personnes. Dans ce cas on donnerait un certain prix pour faire trier la laine, pour la faire filer, pour la tisser, etc.; il suffirait au fabricant de calculer par avance ce que lui coûte aujourd'hui chacune de ces opérations et de les donner à forfait, à tant le kilogramme, ou l'écheveau, ou le mètre. On pourrait faire pour cela comme on le fait pour les garnisseurs et les pareurs, à tant par pièce de drap.

Mais nous trouvons que l'application est plus difficile pour les industries à produits chimiques, dans lesquelles le travail de main entre pour peu en raison des grands capitaux placés dans ces établissements. Ainsi un confiseur liquoriste ne consentira jamais à s'associer avec le travailleur, soit à cause des détails minutieux auxquels il faudrait entrer et qui sont même inappréciables, soit parce que les matières alcooliques, les sucres et les fruits verts exigent de grands capitaux et peu de main d'œuvre. Nous croyons donc que le travail à la tâche ne peut pas être appliqué à ce genre d'industrie.

Considérations sur les instruments mécaniques ; malaise qu'ils produisent dans la classe ouvrière ; moyen de les rendre utiles à tous.

Si l'on donnait un coup d'œil attentif sur l'introduction des machines dans les ateliers de France, on remarquerait facilement qu'elles méritent la plus sérieuse méditation, et que, si l'on n'en modifie pas l'usage, notre position sociale peut être gravement compromise. Nous sommes pour elles animés du meilleur esprit, quant au perfectionnement qu'elles apportent dans les produits, mais, néanmoins, nous devons tenir compte de tout le mal qu'elles suscitent à la classe ouvrière. Nous ne parlerons pas de toutes les machines qui compromettent l'existence des ouvriers, nous ne citerons, pour exemple, que celles qui sont introduites dans la fabrication des draps : on pourra déduire, par la pensée ou par rapprochement, les conséquences funestes de celles que nous omettons.

1.° Autrefois, c'est-à-dire avant l'introduction des machines, deux ouvriers garnisseurs recevaient dix francs pour garnir deux draps, et pour cela il fallait quatre journées ; aujourd'hui une machine, appelée garnisseuse, servie par deux femmes gagnant soixante-quinze centimes l'une, peut garnir, dans un jour, douze pièces de draps. Il résulte que ce qui coûtait cinq francs de façon, aujourd'hui ne coûte que douze centimes et présente une économie par pièce de drap de 4 fr. quatre vingt huit centimes.

2.° Un ouvrier pareur recevait deux francs cinquante centimes pour tondre un drap, il fallait une journée de travail ; aujourd'hui un instrument mécanique, appelé tondeuse, servi par une femme qui gagne soixante-quinze centimes, peut tondre quinze pièces de draps ; ainsi il existe une économie de 2 francs quarante-cinq centimes par drap, qui ajoutée à celle opérée par la garnisseuse, donne une économie totale de 7 francs 33 centimes par pièce de drap, ou environ de 40 centimes par mètre.

Pour que le consommateur ait profité d'une économie de quarante centimes par mètre, il a fallu écarter deux ouvriers pour la garnisseuse et un autre pour la tondeuse ; c'est-à-dire *trois ouvriers par pièces de draps.* Si les renseignements que nous avons obtenus sont exacts, il se fabriquerait dans le département de l'Aude seulement quatre mille pièces de draps par mois, c'est donc douze mille journées remplacées par les deux machines précitées, ou environ 500 travailleurs par jour, en prélevant les fêtes et les dimanches compris dans le mois.

Actuellement, ajoutez à ce chiffre celui que donne l'accroissement de la population, celui des paresseux ou des maladroits que l'on écarte de toutes les autres industries, en raison du peu de travail qu'ils sont capables de faire, et ce chiffre deviendra très considérable. Tout cela bien établi, le gouvernement peut-il accorder une entière confiance à la conduite et à la vertu de ces travailleurs privés de travail ? N'a-t-il pas au contraire à craindre le désagrément qu'ils peuvent donner en se prêtant aux combinaisons les plus dépravantes, que les ennemis de la république ou de l'ordre pourraient insinuer dans leurs esprits? La chose ne peut-elle pas devenir facile, lorsque surtout ils sont déjà irrités par le besoin qui les tourmente eux et leurs familles, obligées de partager leur triste situation ? Pourquoi donc n'apporterait-on pas un remède à tous ces maux, lors-même qu'il faudrait se prononcer contre le non usage des instruments mécaniques, s'il est reconnu que de leur emploi résulte ce malaise ?

Mais, si l'on se prononce contre l'usage des machines, un nombre infini de progressistes vont se récrier, les pensées les plus inquiètes vont s'agiter : et comment, diront-ils, nous sommes arrivés au dernier terme du progrès des arts pour tous nos produits industriels, et l'on voudrait nous faire rétrograder, revenir à l'enfance de l'art, nous mettre à la merci d'une nation voisine, notre rivale, qui nous dépasse déjà, et qui, dans son orgueil, ne craint pas de dire que nous ne serons jamais son égale. Voyez, diront-ils, les perfectionnements obtenus par les machines qu'elle a inventées, notamment par celle dont on use pour la filature du coton appelée *stretcher*, qui, dans l'espace de vingt-deux ans et sans occuper un bras de plus, a donné le triple de ses produits primitifs.

Toutes ces considérations, il est vrai, ont un grand mérite pour ceux qui préfèrent une satisfaction idéale au bien-être moral et matériel de l'humanité ; pour la classe riche qui profite de ces avantages, en achetant à bas prix les produits de l'industrie ; pour le fabricant qui possède de grands capitaux et de nombreuses machines ; mais les petits producteurs qui n'ont pu acheter de semblables machines ont été obligés d'abandonner leur industrie, les travailleurs qu'ils occupaient ont été renvoyés et ils ne peuvent plus trouver d'ouvrage dans l'atelier de celui qui a acheté les machines, puisque déjà une grande partie de ceux qui y étaient occupés, ne peuvent plus y travailler. Ainsi ces petits producteurs, tous ces ouvriers renvoyés pourront-ils en profiter, lorsque pour satisfaire à la nécessité de vivre ils ont besoin du crédit pour se procurer les aliments les plus grossiers de la vie animale ; pourront-ils acheter de belles étoffes, de beau drap, quand même ils se vendraient à plusieurs centimes de moins par mètre, lorsqu'ils sont sans argent et sans espoir de pouvoir jamais en posséder? Voilà, progressistes et philosophes, où nous puisons les faits pour ne pas être induits à erreur, parce que ces faits sont conformes à ce qui se passe à chaque instant sous vos yeux, et cependant vous n'en parlez jamais ! parce que vous vous laissez trop facilement séduire par cette faculté imaginative qui ne donne pour résultat que des doctrines fausses ou des théories impraticables.

Quoiqu'il en soit, un système repose sur un ensemble de principes vrais ou faux, mais celui qui en contient plus de vrais se distingue, lorsque, mis en pratique, non seulement détruit le vice, mais encore il produit un bien sensible. Cela posé, prenons comme certain que les machines introduites en France sont suffisantes pour donner à la consommation les produits nécessaires, que par ce moyen tous les travailleurs sont écartés ou tout au moins les quatorze quinzièmes, alors presque tous les hommes seront devenus consommateurs ; mais consommeront-ils tous également ? la chose serait-elle possible ! bien certainement non, parce que tous n'auraient pas les mêmes facultés pécuniaires pour se procurer, selon leurs désirs, les produits de l'industrie ; parce que les riches ne partageraient pas leur fortune, ni n'admettraient pas à leur table ceux qui n'en posséderaient pas. Que résulterait-il alors de tous les perfectionnements obtenus par l'usage de toutes ces machines, le voici : le mécanicien aurait fait sa fortune, après avoir écrasé le petit fabricant, les grands producteurs et les propriétaires rentiers, seuls, profiteraient comme consommateurs de tous les avantages de cette production. Ainsi, les préconiseurs des progrès qui veulent les pousser plus loin au moyen des machines, ne produiront jamais un bienfait réel dans la classe ouvrière, attendu que ces progrès, arrivés au dernier terme, la classe ouvrière serait paralysée. Ainsi leurs prétentions n'ont pas un but utile, pourquoi ne pas y renoncer lorsque la classe ouvrière ne demande qu'un travail quotidien ; car si elle est sans travail, peu lui importera qu'on diminue le droit sur les boissons, sur le sel ; que l'on supprime les droits d'entrées sur les viandes : elle ne pourra pas en acheter ni en manger davantage. Mais si elle travaille, ses ressources augmenteront, et elle pourra acquitter ces droits sans se récrier

D'après ce que nous venons de dire pourrait-on croire que nous sommes ennemis de tout progrès ? Si on avait cette pensée, nous avons devers nous une immensité de preuves du contraire, notamment nous pourrions invoquer les perfectionnements que nous avons obtenus dans la fabrication des poudres-salpêtres, qui nous ont valu des récompenses du gouvernement. Mais ces perfectionnements n'ont jamais été préjudiciables à la classe ouvrière, au contraire puisqu'il s'agissait d'obtenir environ quarante p. cent de plus de salpêtre, en opérant sur des matières que les raffineries royales, par les procédés qu'elles mettaient en usage, ne pouvaient pas retirer. Ce sont des faits positifs puisqu'ils sont justifiés par la communication faite, le 8 novembre 1836, à M. le directeur général des poudres et salpêtres de France. (*Voir la note page* 32).

Ainsi, nous ne réclamons qu'une mesure, rigoureuse, mais nécessaire, celle de demander la suppression, ou tout au moins la modification de l'usage des instruments mécaniques reconnus inévitablement pour être cause du malaise des travailleurs ; qu'enfin pour devenir l'organe d'un gouvernement républicain, nous voulons autant qu'il sera en notre pouvoir, coopérer, non pas à établir cette égalité absolue parce qu'elle est impossible, mais venir au secours des travailleurs et les relever de cette abjection dégradante qui les oblige de tendre la main pour ne point mourir d'inanition.

Nous dirons même que l'abolition des machines ne serait pas contraire aux intérêts des grands producteurs ; car les fabricants, même les plus riches, travaillent aujourd'hui pour réaliser l'intérêt de trois à quatre pour cent pris sur la valeur du matériel des fonds avancés dans leur entreprise. Et combien encore y en a-t-il qui ont placé plus de cent mille francs et qui seraient fort heureux de retirer un bénéfice de deux à trois mille francs ? En travaillant par les procédés antérieurs, ils n'auraient rien à perdre, puisque le prix des marchandises fabriquées de cette manière serait augmenté dans la même proportion que la main d'œuvre pourrait coûter de plus, et que la concurrence serait incontestablement moins active par la plus grande difficulté d'obtenir des produits à la main qu'à la machine.

Le marchand qui achèterait à plus haut prix n'aurait pas non plus de sacrifice à faire, attendu qu'il élèverait proportionnellement celui de la vente faite à la consommation ; pour le marchand, il y aurait même avantage, vu que la consommation augmenterait nécessairement parce que le travailleur, mieux rétribué, gagnerait plus que pour vivre, et l'excédant devrait servir aux achats pour les autres besoins de la vie.

Le consommateur, il est vrai, paierait de plus par mètre de drap quarante centimes, si la main ouvrière remplaçait la garnisseuse et la tondeuse ; mais le consommateur n'aurait aucun sentiment fraternel, si, pour un sacrifice semblable, il ne se trouvait pas compensé par le bien-être d'une foule innombrable de familles qui, attachées à cette fabrication, seraient en pleine prospérité. Enfin, le bonheur habiterait dans la chaumière du pauvre travailleur, lequel pourrait compter sur un avenir plus heureux. Cette position lui donnerait un tempérament plus robuste, parce qu'il ne serait plus tourmenté par les angoisses de l'esprit. En un mot, le travailleur n'aurait plus de motifs pour mettre le désordre dans la société dont il ferait partie lui-même, et s'il se portait à quelque excès, le gouvernement pourrait user de toute sa puissance pour réprimer avec sévérité la moindre tentative réactionnaire; alors la confiance s'accroîtrait malgré la résistance de ceux qui aiment à vivre dans le désordre, et qui s'érigeant en véritables vampires pour satisfaire leurs ambitions aussi désordonnées qu'elles sont injustes, ne craignent pas de faire couler dans les rues le sang de l'honnête travailleur égaré par leurs sophismes.

Plusieurs socialistes à sentiments humanitaires pourront objecter que les machines ne peuvent être remplacées par les travailleurs que d'une manière fort pénible, et que dès-lors il y aurait inhumanité à leur imposer un labeur lorsque surtout il devient si facile d'arriver au même résultat au moyen des machines; les fabricants de draps feront valoir qu'ils ne pourront pas soutenir la concurrence sur les marchés étrangers; ils pourront aussi faire valoir qu'ils ne pourront pas donner à la consommation des produits aussi bien perfectionnés à la main qu'ils peuvent les donner par le travail des machines.

Aux premiers nous dirons : Vous n'avez pas d'humanité, et si vous en avez, elle est bien mal entendue ; car l'humanité ne consiste pas dans le peu de peine que l'homme peut prendre pour gagner sa vie. Une voix bien plus souveraine que la vôtre nous a ordonné de travailler et de retirer de notre travail notre propre nourriture, iriez-vous jusqu'à prétendre que vous êtes plus sage qu'elle? ne frémiriez-vous pas de honte d'avoir une si coupable pensée, vous qui n'êtes que des intelligences imparfaites en face de l'intelligence suprême? Cachez donc votre orgueil, n'affrontez plus la raison et gémissez sans cesse sur les conséquences de vos doctrines aussi fausses que pernicieuses, et rappelez-vous ces paroles divines : Vous mangerez votre pain à la sueur de votre visage. Ainsi donc l'homme est obligé de travailler, c'est Dieu qui l'a dit.

Aux seconds nous dirons : En demandant la suppression de ces machines, nous n'avons jamais prétendu anéantir votre industrie envers l'étranger, comme vous avez anéanti la main ouvrière par l'introduction des machines, attendu que ce serait avoir pour vous la même injustice que vous eûtes pour elle ; nous reconnaissons la nécessité de l'intervention du Gouvernement pour garantir vos droits et ceux des travailleurs. Dans sa sollicitude pour les uns et pour les autres, il pourrait frapper d'un droit d'importation tous les produits étrangers dans la même proportion que vous coûterait de plus la main ouvrière. Pour encourager même votre industrie ou pour vous exciter davantage au travail, il augmenterait d'un tiers les primes qu'il vous accorde pour l'exportation de vos produits, afin que vous puissiez mieux soutenir la concurrence sur les marchés étrangers. Si ces moyens étaient insuffisants, le gouvernement devrait en créer d'autres pour protéger toujours une industrie si importante, soit par le grand nombre des bras qu'elle occupe, soit encore par les matières brutes qu'elle emploie et qui forment un énorme débouché à l'industrie agricole.

Enfin, nous demanderons à tous, s'il n'est pas vrai que chaque machine introduite en France ne soit venue qu'accroître la richesse des manufacturiers, des mécaniciens et des classes aisées qui profitent du bas prix des produits perfectionnés aux machines ;

S'il n'est pas vrai qu'un grand nombre de familles ouvrières qui trouvaient leur bien-être dans les ateliers où la main d'œuvre faisait tous les frais, n'aient pas été réduites à la plus affreuse misère par l'introduction des machines ;

S'il est possible, que, privées ainsi d'ouvrage et manquant du nécessaire, elles puissent profiter des prétendus avantages que ces machines peuvent donner;

S'il est vrai que lors de leur introduction, les ouvriers, poussés au désespoir par le tableau effrayant de leur détresse future, se soient portés à des voies de fait pour briser ou brûler les machines, chasser leurs inventeurs et menacer même ceux qui voulaient en faire usage, et qu'alors, ces ouvriers, vaincus par la force, aient été obligés de se taire et de souffrir en silence tous les maux que ces inventions allaient faire peser sur eux;

S'il est vrai que la raison nous apprend que nous devons faire à autrui ce que nous voudrions qu'il nous fût fait; qu'enfin, si un être sociable ne peut être heureux lui-même s'il ne répand le bonheur sur les êtres qui l'environnent, et qu'à défaut de ce sentiment moral et vertueux, tout chez l'homme n'est que dépravation et inhumanité.

Ces faits ne sont-ils pas évidents.

Ainsi donc, manufacturiers, mécaniciens et vous, qui vivez dans l'opulence, vous savez que la nature a tout fait pour vous, mais cette même nature vous a prescrit l'impérieux devoir de faire tout le bien possible à vos semblables, afin de mettre un terme à leurs souffrances. Rien ne manquerait donc à votre félicité, si, pour accomplir cette grande œuvre, qui émane de Dieu, vous occupiez les travailleurs au lieu de les écarter de vos usines et de les abandonner à toutes les angoisses de la vie.

Le bien que vous produiriez à la classe ouvrière serait utile à tous.

Si enfin vous voulez continuer de faire usage des machines, persuadés que vous êtes qu'elles perfectionnent mieux que le travail à la main, ce qui n'est, permettez-moi de vous le dire, qu'une illusion trompeuse, puisque ce prétendu perfectionnement ne consiste qu'à donner une plus belle apparence aux produits au dépend de la solidité que vous leur enlevez à force d'y faire travailler les machines ; reconnaissez, comme nous, qu'il serait juste d'accorder une indemnité qui répare le préjudice que les machines ont causé à la main ouvrière. Pour cela, demandons l'intervention du gouvernement républicain pour qu'il frappe les productions des machines, d'un impôt équivalent à l'économie qu'elles procurent sur la main ouvrière dont nous avons parlé plus haut, et que ce produit soit versé par les manufacturiers de France dans les caisses publiques désignées par le pouvoir.

Le fabricantaurait-il quelques objections à faire, lorsque la somme prélevée sur chaque pièce de drap lui sera payée par la consommation? Le consommateur, placé, en général, dans une condition favorable, pourrait-il formuler une opposition sérieuse? Et n'est-il pas plus raisonnable de penser qu'il supportera facilement ce minime sacrifice, lorsqu'il doit profiter à la classe ouvrière, à laquelle il procurerait de nouvelles ressources? car il ne suffit pas que l'ouvrier mange, il faut lui rendre son existence aussi heureuse que possible, ne reculer jamais en présence de généreux efforts pour atteindre ce bon résultat; et alors, cette classe laborieuse, qui est tout cœur, et qui devient comme sauvage quand on l'égare, sera toujours reconnaissante et bénira les jours de ses bienfaiteurs.

Nous demandera-t-on à quoi devraient servir ces sommes prélevées sur les produits travaillés aux machines? Nous répondrons : elles serviraient à réparer le préjudice que; l'usage des machines a occasionné à la classe ouvrière; mais cette classe ne veut pas, comme les capitaliste ou les rentiers, rester oisive : elle demande à utiliser ses bras habitués au travail. Or donc, ces bras, au moyen de ces nouvelles ressources et sous la direction de l'Etat, augmenteraient la fortune nationale, en formant des endiguements aux rivières dont les débordements apportent les plus grands ravages aux terres qui les avoisinent; — en s'occupant aux dessèchements des marais; —à défricher les terres vagues ou incultes; à agrandir le cercle de la production des céréales ou plantes graminées, en apportant des terres labourables le long des rivières dans les parties sablonneuses qui occupent trois à quatre fois plus de largeur qu'il n'en faudrait réellement pour donner à ces rivières une largeur et profondeur uniformes telles que la plus grande crue d'eau n'en puisse franchir les bords, et éviter ainsi la moindre dévastation des terres qui les avoisinent.

N'avons-nous pas la Durance qui occupe plus de quatre kilomètres de terrain dont elle a dépouillé les propriétaires, et au lit de laquelle un kilomètre pourrait suffire pour régulariser son libre cours? On aurait ainsi trois kilomètres de terrain sur toute la longueur de cette rivière capables de donner annuellement, en blé ou autres céréales, une production assez considérable pour compenser, d'une manière avantageuse, les sommes employées pour la mise à exécution de cette entreprise.

N'avons-nous pas encore la rivière qui traverse le département de l'Aude, qui, malgré la superfluité du terrain qu'elle occupe dans presque toute sa longueur, produit la plus affreuse dévastation lorsqu'elle arrive, près de son embouchure, dans cette vaste plaine de Coursan, où la récolte est enlevée souvent lorsqu'elle est prête à être recueillie?

N'avons-nous pas le Rhône, la Loire, et beaucoup d'autres fleuves et rivière qui font encore de plus grands ravages?

Pourquoi le gouvernement laisserait-il ces choses dans un état aussi déplorable, lorsqu'il peut facilement y obvier? N'a-t-il pas assez de puissance? ne peut-il pas l'exercer pour cause d'utilité publique? Pourquoi donc ne l'exercerait-elle pas? Aucun citoyen vertueux ne s'y opposerait, et c'est là le sûr mobile auquel le gouvernement doit demander toute sa force, convaincu qu'il est, qu'il fait tout pour le mieux dans la famille dont il est le père organisateur.

Nous regrettons de ne pouvoir parler de toutes les améliorations qu'on pourrait apporter sur le sol de la France; nous nous bornerons à donner notre avis sur celles à introduire dans notre département.

Le gouvernement républicain devrait faire contribuer les propriétaires de la plaine de Coursan, pour une somme qu'il fixerait lui-même par hectare de terre, laquelle serait versée dans les caisses publiques par tous les propriétaires à qui l'inondation peut occasionner quelques ravages.

A cette dernière somme, il ajouterait celle provenant des produits manufacturiers, ensuite il procèderait immédiatement à la formation d'une digue de chaque côté de cette rivière; on élargirait même son lit, si c'était nécessaire, en indemnisant ceux des propriétaires qui cèderaient du terrain pour cet élargissement; et si enfin, ces sommes perçues étaient insuffisantes, le gouvernement devrait favoriser cette entreprise en allouant une somme reconnue nécessaire à l'exécution de ces travaux. La somme allouée par l'Etat ne serait pas perdue pour lui, il n'en ferait que l'avance, attendu que chaque propriétaire riverain deviendrait son débiteur, lequel se liquiderait par annuité, avec intérêt, jusqu'à son entier amortissement, et chacun dans la proportion des bénéfices que tous ces travaux d'endiguement, bien exécutés, pourraient leur procurer.

C'est par des ouvrages de cette nature que les mains des travailleurs seraient occupées, ces travaux apporteraient des améliorations agricoles trop négligées jusqu'à ce jour;

ces améliorations sont positives et incontestables, puisque d'une part les engrais employés sur cette vaste plaine de Coursan, Sales, Fleury, comme dans d'autres villages, ne seraient plus perdus et entraînés dans la mer par le courant des eaux. D'un autre côté, ce pays deviendrait si fertile qu'il doublerait au moins sa production, et alors le bonheur habiterait chez le propriétaire, parce qu'il ne serait plus tourmenté par les angoisses d'esprit que donne l'incertitude d'une bonne ou mauvaise récolte, et cette considération n'est pas à dédaigner, surtout lorsque le propriétaire a besoin d'obtenir de bonnes récoltes pour faire honneur aux engagements qu'il a pu contracter.

On pourrait aussi se livrer à l'exécution de travaux plus importants qui devraient agrandir le cercle de la production du pays. Par exemple à recreuser, sur une distance de 7 à 8 kilomètres, la rivière d'Aude, à partir du village de Coursan jusqu'à son embouchure, et obtenir par ce recreusement environ quatre mètres de profondeur d'un point à l'autre; après cela il ne resterait plus qu'à recreuser d'une égale profondeur les canaux établis actuellement entre la rivière d'Aude et le marais de Capestang, dont la distance à parcourir est de deux à trois kilomètres, et par ce moyen facile à exécuter, on obtiendrait le tarissement de ce marais qui n'a guère plus de trois mètres d'eau dans les parties les plus profondes.

Actuellement supposons que, pour ce recreusement de la rivière et des canaux, le gouvernement allouât une somme de deux à trois millions, il en résulterait pour lui un avantage considérable, attendu que les terres desséchées de ce marais, rendues productives, pourraient être vendues aux propriétaires qui les avoisinent, et qui, sur une surface d'environ quatre kilomètres de largeur sur huit de longueur, donneraient 32,000 hect. de terres labourables, qui, au prix de 900 fr. l'une, formeraient un chiffre total de

28,800,000. Si enfin, par des moyens analogues, on occupait les travailleurs, ils ne seraient plus dans la misère, on augmenterait le bien-être de la classe supérieure riche, et le gouvernement verrait aussi accroître ses revenus par les contributions qui viendraient frapper, d'une manière légale, les terrains incultes qui deviendraient productifs.

Exposé des motifs de concurrence.

Nous admettons pour concurrence la supériorité d'un produit sur un autre, parce que cette concurrence est un stimulant qui pousse toujours les producteurs à mieux perfectionner leurs produits. Mais nous repoussons tout esprit de concurrence lorsqu'il a pour objet d'aller sur les brisées d'un autre producteur pour lui porter préjudice. Quelquefois la concurrence est forcée par le besoin de vendre les produits, mais le plus souvent elle est due à la ruse où à la cupidité ambitieuse des producteurs; nous allons donner quelques légers détails sur les uns et les autres.

1.° Un travailleur pour obtenir de l'ouvrage se présente au patron, et offre de diminuer le prix habituel de la

---

(*Note de la page* 23.) Voir aussi mes lettres des 23 mars, 30 octobre, 8 novembre, 17 décembre 1836, envoyées à la direction générale des poudres et salpêtres, dans lesquelles nous prouvons que nous avons retiré quarante pour cent de nitre des matières que les raffineries Royales avaient abandonnées, en se conformant aux manipulations de chimie, indiquées par le comité consultatif, ainsi que dans l'ouvrage intitulé: *L'art du salpêtrier*, page 76, pour les eaux surnageantes, et 81 pour le lavage du muriate de soude. Nous avons également obtenu du salpêtre par la décomposition du nitrate de soude, procédé reconnu impossible et dont le général Tirlet, membre de la chambre des députés, n'a pas craint d'affirmer que cette expérience n'avait pu réussir en France. (*Voir le Journal des Débats*, 6 *mai* 1836, *séance du 5 mai.*)

journée; cette concurrence, fondée sur la nécessité de travailler pour vivre, ne doit pas être acceptée par celui qui, en occupant avec utilité, trouve un plus grand bénéfice, parce qu'alors il abuse de la position de ce pauvre malheureux. Cette diminution de salaire peut être acceptée lorsque le patron fait aussi un léger sacrifice pour utiliser ce travailleur à des travaux peu productifs ou dont la vente est incertaine; dans ce dernier cas un sentiment d'humanité est le mobile d'une bonne œuvre.

2.o Chez les entrepreneurs de bâtiments, il existe une concurrence bien mal entendue. Quelques-uns, par un espèce d'amour-propre, vont offrir un rabais considérable sur le prix des travaux à exécuter d'après des plans, devis et cahier des charges; ils pensent se rattraper sur la mauvaise qualité des fournitures qu'ils feront pour l'exécution de ces travaux; mais ils sont trompés dans leur attente, parce que l'architecte, qui a établi des prix raisonnables, ne voit pas avec plaisir opérer des diminutions qui se portent quelquefois à plus de 20 pour cent sur les prix du devis estimatif, et comme il se réserve le droit de faire exécuter les travaux selon les règles de l'art, l'entrepreneur devient la dupe de ses calculs, lorsque l'ingénieur n'a pour lui aucune complaisance pour permettre l'emploi de mauvais matériaux. Dans ce dernier cas l'entrepreneur blâme cette exigence qui devient ruineuse pour lui, cependant elle n'est que la conséquence de l'engagement qu'il a contracté. Malgré que nous déplorions une sévérité aussi rigoureuse de la part des ingénieurs, nous ne pouvons pas la désapprouver parce qu'elle corrige l'intention perfide de l'entrepreneur, et l'effronterie de certains individus incapables qui veulent devenir entrepreneurs lorsqu'ils ne savent pas diriger les travaux, et qui ne sont pas en même d'être premiers ouvriers.

3.o La concurrence a pris un grand développement depuis

l'introduction des machines dans les ateliers, voici comment : Un fabricant qui fait usage des instruments mécaniques accroît sa production et la rend moins coûteuse; alors il cherche à agrandir le cercle de ses débouchés en cédant ses nombreux produits au-dessous du prix habituel. Les producteurs qui travaillent par les anciens modes de fabrication, voient diminuer leur clientèle, et bientôt ne pouvant plus soutenir la concurrence sur le prix de vente, ils sont obligés de se procurer des machines semblables. Mais lorsque les machines sont établies de part et d'autre, la diminution sur le prix de vente augmente et ne s'arrête que lorsqu'elle est descendue au niveau de l'intérêt du capital représenté par la valeur du matériel et des fonds avancés pour la fabrication antérieure. Il se produit alors une rivalité incessante occasionnée par la trop grande facilité d'obtenir des produits. Par l'effet de cette rivalité, il arrive que les grandes usines qui possèdent de grands capitaux, ont une supériorité remarquable et très-avantageuse sur les petites usines ou petits producteurs qui ne jouissent que d'une médiocre fortune. Ainsi, un fabricant qui obtenait par les procédés antérieurs cinq cents pièces de drap, en obtient six à sept mille au moyen des machines; il peut, en prélevant un léger bénéfice de deux francs par pièce de drap, gagner douze ou quatorze mille francs. Mais le modeste producteur dont les ressources pécuniaires ne lui permettent de fabriquer que quatre cents pièces de drap dans le même intervalle, ne peut gagner que huit cents francs; ce bénéfice annuel est insuffisant pour sa subsistance et celle de sa famille, habituée, sans doute, à une honnête aisance; il faudra donc emprunter sur son capital, peut-être même sur ceux d'autrui. Cependant il ne se décourage pas, il espère même gagner davantage l'année suivante; mais, il est trompé dans ses prévisions, parce qu'il n'avait pas prévu que le possesseur de grands capitaux, qui produisant sept mille pièces de drap, pouvait se contenter d'un bénéfice de un franc par pièce, et réaliser encore un profit annuel de sept mille francs, lorsque le petit producteur, dans le même intervalle, ne pourrait retirer que quatre cents francs. De tout cela, il suit que la moindre mévente à subir, ou même la plus légère éventualité sur le non-paiement des marchandises vendues, le jette dans une position assez malheureuse pour lui faire abandonner son industrie, tandis que le fabricant qui possède de la fortune en propriété immobilière ou en capitaux, se contentera d'un bénéfice de cinq à six pour cent, et de bien moins encore, toutes les fois qu'il s'agira de soutenir et même de provoquer une concurrence contre ceux qui, fabriquant le même article, n'ont pas les mêmes ressources pécuniaires.

4.° Ce que nous venons de dire pour les fabriques de draps, se présente également pour toutes les autres industries, et notamment pour celles qui se rattachent aux produits chimiques, où cette concurrence présente un gaspillage inouï, et devient tellement funeste aux petits producteurs que quelques-uns ont péri victimes du désespoir, après avoir dévoré leurs fortunes et plongé leurs familles dans la plus affreuse misère. Nous tenons ces faits de grands producteurs qui ont fait quelques sacrifices pour atteindre ce funeste résultat, et qui n'ont pas craint de s'en énorgueillir en notre présence, en nous racontant une aussi déloyale combinaison. Le nombre de ces cupides producteurs n'est que trop considérable, et le mal qu'ils ont produit est si répandu que notre cœur se soulève d'indignation. Pour réparer, autant qu'il est en notre pouvoir, cette situation déplorable, nous allons essayer d'indiquer un moyen, et de demander l'intervention du Gouvernement, dans le cas où le conseil que nous allons donner serait insuffisant pour produire l'effet que nous désirons.

Moyen de modifier la concurrence.

Les moyens faciles d'exécution, obtenus par les instruments mécaniques, ont obligé plusieurs fabricants à ne travailler que par intervalles; de là résulte que le peu d'ouvriers que l'on a pour le service des machines sont renvoyés de temps à autre. Si le fabricant travaille continuellement, il s'encombre de marchandises et il est obligé de les vendre à vil prix ou de les garder, parce que ceux qui ont vendu avant lui ont dû se contenter du plus léger bénéfice. Dans toutes ces manières de procéder, on remarque une grande faute qu'il est facile de réparer, et voici comment :

On est forcé de convenir que chaque producteur doit avoir sa clientèle, car celui qui n'en aurait pas et qui serait obligé de la chercher à une foire, ne la trouverait jamais, parce que là les marchands sont toujours les vampires des producteurs.

De là nous concluons que les producteurs devraient se contenter de baser leurs productions sur les ventes antérieures, et qu'au lieu de produire plus, ils devraient se stimuler à faire mieux. Ainsi en réglant votre production sur la clientèle que vous aurez acquise, servez-là bien, sachez vous contenter d'un bénéfice raisonnable : vous traiterez alors par correspondance et vous tirerez toujours un bien meilleur parti de votre position : l'acheteur qui vous demande, a son intérêt de prendre chez vous ; bien plus, il en a besoin, sa clientèle est habituée à vos produits, elle en est contente, et il lui en faut, les prendre ailleurs ne serait plus la même chose. C'est ainsi que le producteur, adroit et de bonne foi, qui travaille avec intelligence, peut servir ses propres intérêts en donnant les meilleurs produits à la consommation.

Ainsi, chaque producteur ayant sa clientèle devrait proportionner sa fabrication sur les bases que nous venons d'établir, et alors il n'aura jamais besoin de se déplacer pour aller offrir ses produits à la foire de Beaucaire ou ailleurs. Le marchand, ou la partie intermédiaire, placé entre le producteur et le consommateur, viendra lui-même dans le magasin du fabricant acheter les produits qu'il fabrique, ou ils traiteront par correspondance sur le prix et jamais sur la qualité, parce qu'on la connaîtra; il n'y aura plus de laisser pour compte, moyen le plus souvent frauduleux que le marchand met quelquefois en usage pour obtenir un rabais sur le prix convenu ; en un mot, les marchands ou spéculateurs ne s'enrichiront pas aux dépens des manufacturiers, en leur faisant faire la hausse quand ils veulent vendre et la baisse quand ils veulent acheter. Si enfin les manufacturiers savaient s'entendre, les marchands viendraient chez eux pour solliciter leurs produits; ce qui vous en donne un exemple, ce sont les exigences que le hasard a suscitées chez les producteurs de Bordeaux, comme partout ailleurs, après la dernière révolution de février, lesquels se faisaient envoyer par les marchands, et par avance, les fonds nécessaires ou équivalents à la quantité des marchandises qui leur étaient demandées par les différentes villes du midi.

Si, malgré toutes les observations que nous venons de faire, les producteurs ne savaient pas s'entendre, que les uns et les autres, à force de trop produire, continuassent à encombrer leurs magasins, il faudrait que le gouvernement intervînt pour réprimer de pareils abus.

Il faudrait aussi faire cesser l'habitude de certains artistes qui vont sur les brisées des autres offrir à plus bas prix les objets d'art qu'ils ont confectionnés, lesquels, à force de déprécier la valeur de ces objets, ne retirent qu'un bénéfice égal au taux habituel de la journée des travailleurs qu'ils occupent dans leurs ateliers.

Pour conjurer la concurrence, un moyen seul pourrait suffire s'il était légalement mis à exécution ; il consisterait à établir un prix de vente sur tous les produits de même qualité. Ce moyen pourrait être applicable à la fabrication des draps, malgré la diversité des nuances et les différentes qualités produites qui sont subordonnées aux goûts des fabricants. Mais, pour établir ce prix de vente, il faudrait apprécier le prix de revient par pièce de drap en présence de délégués nommés par le gouvernement républicain, et ceux-ci fixeraient le prix de vente, de telle manière que le producteur trouvât, par son travail, un bénéfice assez raisonnable ; mais il faudrait aussi que le producteur qui opérerait une vente à moindre prix fût puni sévèrement et condamné à une forte amende. Le prix de vente pourra aussi être mis en pratique pour les produits attachés aux manipulations chimiques, tels que savonneries, amidonneries, féculeries, bougies stéariques, crême de tartre, etc. A cet égard on dira bientôt que la position n'est pas égale pour tous les producteurs ; que ceux qui sont placés au milieu des produits bruts de fabrication auront une préférence ou un avantage bien supérieur à ceux qui en seront le plus éloignés. Mais nous répondrons que cela est toute l'affaire du producteur, lequel, avant tout, ne doit pas créer un établissement dans des lieux où les matières premières de fabrication sont trop éloignées ; la consommation ne doit pas leur tenir compte de leur imprudence en donnant à leurs produits un prix plus élevé.

Quoi qu'il en soit, le moyen de régulariser le prix de vente sera facile ; pour cela il faudra examiner la qualité voulue pour chaque produit, afin qu'il puisse être vendu au même prix ; mais ce prix ne sera fixé que d'après les propriétés caractéristiques que ces produits peuvent posséder étant de meilleure qualité possible. Au surplus ce moyen est mis en pratique par le commerce pour plusieurs produits, tels que sel de soude, salin, potasses, salpêtre, qui se vendent d'après l'alcali pur, minéral et végétal, que ces matières contiennent, ainsi que sur la quantité de salpêtre pur renfermé dans une plus ou moins grande quantité de salpêtre brut. Tous les acides se vendent à titre et d'après la qualité et propriété qu'on exige pour chacun d'eux. L'alcool se vend également d'après le degré voulu par le commerce, et à cet égard il n'existe pas de concurrence sur le prix de vente, parce qu'il n'est plus permis de tromper le commerce ni le consommateur, attendu que l'alcoomètre de M. Gai-Lussac, l'alcalimètre de M. Descroizilles, les dissolvants de M. Riffauts, l'aréomètre de Baumé sont là pour constater la fraude de tout produit sophistiqué, lequel, dans ce dernier cas, n'est de nulle valeur.

Quant aux industries où la main ouvrière perfectionne les ouvrages d'art, le prix des travaux dépend pour le maçon, le platrier, le tailleur de pierre, le charpentier, etc., de la valeur des matériaux qui se trouvent aux environs des localités où la construction a lieu ; et on sait qu'on les obtient dans les unes à moindre prix que dans les autres; l'appréciation pour ces genres d'industries exigerait un travail particulier, infiniment long, pour donner un développement suffisant, attendu qu'il faudrait connaître le prix de ces divers matériaux, se rendre dans toutes les localités pour étudier attentivement toutes les circonstances qui s'y rattâchent. Aussi pour le moment nous nous permettons d'indiquer les moyens à prendre sans nous prononcer d'une manière affirmative sur la valeur des travaux à exécuter dans une localité comparée à d'autres. Au surplus nous avons déjà donné le prix pour le *travail à la tâche* pour ce qui était relatif à notre localité, il pourra servir de base, en augmentant ou en diminuant ce prix selon la valeur des matériaux des autres localités.

Réflexion sur l'égoïsme, et sur les qualités du cœur qu'il faut avoir pour être agréable à Dieu et aux hommes.

Tout ce qui a été dit sur l'association du travail à la tâche, sur les mauvais effets de la concurrence, et notamment sur la modification à apporter dans les instruments mécaniques, ne produiront aucun résultat satisfaisant chez les hommes qui aiment à vivre commodément et qui étouffent dans leurs cœurs tout désir de se distinguer aux yeux de leurs semblables et de mériter leur amour.

Les hommes de cette trempe, plongés dans l'égoïsme, affamés de bien-être, insatiables de plaisirs, ne voient que leurs intérês personnels, ne se tourmentent jamais des intérêts d'autrui; il ne croient même pas au désintéressement d'une action louable faite par des hommes de bien, parce que, jugeant d'après eux-mêmes, de pareilles actions paraissent impossibles. Ainsi l'égoïste considère la vertu dans l'homme comme une chose fabuleuse qui ne frappe l'imagination que par les rapports qu'elle peut avoir sur lui, sans que pour cela il ne puisse y avoir rien de vrai.

On dira, peut-être, que nous sommes trop rigoureux pour tout ce que nous croyons mauvais dans l'égoïste, ou peut-être que nous traitons un sujet moral plutôt qu'industriel. Nous répondrons que pour le cas qui nous occupe, nous devons haïr et détester l'égoïsme, parce qu'il est contraire à tous les sentiments honnêtes, parce que nous avons besoin de parler au cœur de tous les hommes raisonnables, nous devons présenter la générosité, la vertu et l'humanité comme les sentiments fraternels, seuls capables d'accueillir l'association du travail à la tâche, et propres à accepter la proposition faite par nous sur l'usage des machines. Nous voudrions rencontrer souvent ces vertus dans le cœur des hommes, parce que nous aimons les actions vertueuses, nous les aimons parce qu'elles sont bonnes, et qu'elles ne sont bonnes que par le bien qu'elles procurent.

Que l'on ne suppose pas que le sentiment d'amour pour la vertu soit entièrement désintéressé; ce sentiment a son intérêt, et le voici :

On découvre l'utilité d'une action vertueuse par les avantages satisfaisants qui en résultent sur l'esprit humain. Ainsi, quand on nous parle des vertus de Trajans, de Titus, de Marc-Aurèle, etc., nous nous faisons Romains, nous voudrions avoir fait toutes les belles actions que l'histoire rapporte sur ces illustres personnages, qui se distinguent par les plus nobles sentiments d'humanité; nous sommes heureux, il nous semble que nous sommes les témoins en imagination, et nous en éprouvons un plaisir indicible; tandis que notre cœur se révolte de l'injustice et des cruautés de Tibère, de Caligula, de Vitellius et de Néron; leurs idées produisent en nous une sensation fâcheuse qui nous fait frémir, comme si notre existence était encore menacée par des hommes aussi barbares.

C'est ainsi qu'un cœur sensible se laisse émouvoir par une imagination vive, exercée par l'expérience et la réflexion; ce cœur sait prendre part aux plaisirs et aux peines de tous nos semblables, il s'intéresse à tout ce qui touche les hommes, il se réjouit ou gémit avec eux de leur bonheur ou de leurs infortunes.

Enfin, s'il est vrai que Dieu soit infiniment bon et qu'il veuille le bonheur de l'espèce humaine, nous devons conclure que les actions utiles à l'homme sont les seules conformes à sa volonté : or, pour plaire à ce Dieu, rendez-vous utiles à vos semblables, secourez-les dans la misère, donnez du travail à l'honnête artisan, afin qu'il puisse vivre et entretenir sa famille; et vous, patrons, qui avez de l'ouvrage, associez-vous avec le travailleur, faites en sorte que par cette association dont vous serez le chef, le salaire de sa journée puisse être augmenté sur le taux habituel, sans trop préjudicier vos intérêts, car vous aussi vous avez besoin de vivre. Ayant fait ainsi votre devoir, la satisfaction que vous éprouverez d'avoir fait des heureux, ne sera-t-elle pas la plus belle des récompenses ?

Ainsi, nous devons considérer notre semblable comme notre frère et jamais comme un étranger. Avec des sentiments aussi humanitaires, vous pouvez vous associer, cette association sera durable, vous n'aurez pas à craindre la moindre contestation, et rien ne viendra troubler votre repos.

C'est dans ce sentiment d'humanité, toujours bienfaisant, que vous jouirez du plaisir d'être juste, attendu que c'est dans la justice que l'on trouve le fondement de toutes les vertus sociales qui doivent régir le monde.

www.ingramcontent.com/pod-product-compliance
Ingram Content Group UK Ltd.
Pitfield, Milton Keynes, MK11 3LW, UK
UKHW012114240726
13965UKWH00004B/1752

9 782012 965317